M. LE BARON JOSEPH DE FONTENAY

ET

M<sup>lle</sup> RENÉE PICHON

# PAROLES PRONONCÉES

## AU MARIAGE DE

# M. LE BARON JOSEPH DE FONTENAY

### ET DE

# M^lle RENÉE PICHON

DANS L'ÉGLISE PAROISSIALE DE SAINT-GERMAIN EN LAYE

LE 30 OCTOBRE 1888

PAR

## LE P. LECHEVALLIER

Prêtre de l'Oratoire

« Hors cest anel point d'amours. » Sur
l'anneau donné par S. Louis à la reine Mar-
guerite de Provence. )

IMPRIMÉ

## PAR D. DUMOULIN ET C^ie, A PARIS

—

LE MARIAGE DE LA VIERGE, D'APRÈS LE POUSSIN

MONSIEUR,

MADEMOISELLE,

L'Église vous accueille aujourd'hui avec une émotion toute maternelle. Il est, dans la vie de ses enfants, des jours qu'elle sait ne devoir pas mourir le soir, avec le soleil disparu, mais qu'elle voit se lever sur leur existence entière, pleins de majesté, de puissance et d'avenir. Entre ceux-là, à ses yeux le plus beau, le plus riche d'influence heureuse se leva sur vos douze ans : elle ne se montre guère moins émue au jour grave et décisif qui ramène devant l'autel de leur première communion, sous le regard du même Jésus, deux enfants de Dieu, dans l'éclat virginal de leur jeunesse, et la main dans la main pour échanger le serment de l'amour. La jeune fille a gardé sa blanche parure ; mais elle joint désormais aux dons et aux grâces du premier âge les vertus de la femme chrétienne. A ses côtés, prêt pour la vie, le jeune homme engage à la fiancée de son choix un cœur loyal et fort, capable de tous les courages et de tous les dévouements. Au-dessus du couple agenouillé se penche, pour le bénir, le Christ aux bras étendus, le Christ par qui les devoirs sont saints, les serments inviolables et l'amour immortel.

En présidant à vos noces, le Seigneur en relève l'honneur et les fins jusqu'à Lui. Comme Il vint à nos premiers parents, Il vient à vous ; après vous avoir créés l'un pour l'autre, Il vous donne aussi l'un à l'autre. Sous sa parole et sa bénédiction, l'auteur et le témoin du premier mariage, auteur et témoin du vôtre, vous veut unir du même lien doux et infrangible. Désormais, en son nom, vous n'aurez qu'une chair et qu'une âme, qu'une maison pour abriter un seul amour.

A votre foyer, comme au sein de Dieu, la vie rayonnera de vous à d'autres êtres. Par votre union, vous entrez dans la puissance créatrice, dont notre poussière fut investie, et qui met dans nos berceaux et sur les bras des mères moins des enfants d'Adam que des élus en fleur.

Avec la bénédiction primitive, vont descendre en

vous les effusions surnaturelles qui l'accompagnent de-
puis l'Évangile. Le divin Réparateur de notre race, pour
purifier le flot humain à sa source même, a fait entrer
le contrat nuptial dans l'économie de la Rédemption.
En nous appelant à de nouvelles destinées, Il a re-
haussé l'alliance de l'homme et de la femme jusqu'aux
gloires du sacrement. Fruit du Calvaire, prix du sang
divin, une grâce oint les époux qui perfectionne leur
amour, affermit leur union et les sanctifie l'un par
l'autre. Elle pénètre les cœurs pour en fixer l'affection,
en éterniser la jeunesse. Aux tendresses humaines,
éphémères comme la beauté et mobiles comme l'esprit,
elle mêle, puisée au cœur de Dieu, une goutte de
l'amour qui traverse impunément les siècles. Son action
embrasse tous les devoirs ; elle s'étend aux joies comme
aux épreuves. C'est toute la vie conjugale qui passe
avec elle du domaine étroit des intérêts et des passions
à la sphère haute et sereine des choses sacrées et im-
muables.

Là où cette grâce n'exerce plus son empire, les ca-
ractères se choquent, les humeurs s'aigrissent, les pré-
tentions, les exigences s'opiniâtrent, les torts s'exa-
gèrent, et les dissentiments éclatent. Là où elle règne,
l'unité des cœurs, loin d'être menacée, s'affermit par
la vie commune. Sur de divins exemples, proposés
par l'apôtre saint Paul, le mari aime sa femme jusqu'à
se sacrifier pour elle, et la femme est soumise à son

mari d'une soumission sans réserve, toute de confiance et d'abandon. Leur foi et leur piété font de l'intérieur domestique un sanctuaire d'amour fidèle et respectueux, dont la paix n'est point troublée, ni le bonheur interrompu ; on y revient chaque soir comme au lieu d'élection. Les enfants y grandissent dans les vertus de leur père et de leur mère. Ainsi se forment et se perpétuent les familles chrétiennes, où la nation trouve la première ressource de sa grandeur, et Dieu le plus pur élément de son Église.

**

Heureux les mariages qui, pour atteindre à cet idéal, n'ont qu'à se ressouvenir des enseignements fournis par le chartrier domestique, à qui suffit un conseil : « Imitez ce que vous avez vu, et vous aurez accompli toute justice. » Monsieur et Mademoiselle, ce bonheur est le vôtre.

Tout à l'heure, en ouvrant les portes de cette enceinte à votre brillant cortège, la Religion a reconnu deux familles vraiment héritières de la vieille foi française. Rapprochées devant Dieu par le culte des mêmes principes, par une fidélité séculaire aux mêmes causes, elles méritaient de s'unir aujourd'hui par le sang.

Les longs et mémorables services de votre famille, Monsieur, en relient les générations jusqu'aux temps

héroïques de notre histoire. A chaque siècle, ils il-
lustrent quelque page de nos annales militaires et
diplomatiques ; et hier encore, les Fontenay repré-
sentaient dignement la France dans les cours étran-
gères, moins encore par l'éclat d'un grand nom que
par l'autorité du mérite personnel. Vous-même, fidèle
à la tradition des ancêtres, formé à l'école de votre
illustre père, vous sortez d'une austère et laborieuse
adolescence, prêt à travailler au relèvement de la patrie
comme à soutenir l'honneur de votre maison. En même
temps que les leçons et les exemples paternels pré-
paraient en vous l'homme public, l'homme privé puisait
au cœur de sa mère la foi des temps antiques, les
vertus généreuses et suaves, l'exquise délicatesse d'âme
jointe au plus vaillant dévouement. Désormais vos
mains sont aptes à recueillir un double patrimoine et
à reprendre la tâche des aïeux. Nous n'en voulons
d'autre témoignage que le bonheur qui vous échoit aujourd'hui et n'a pas paru trop grand pour vous.

.·.

Que votre modestie, Mademoiselle, souffre un hom-
mage discret : je le dois à un rare mérite ; je le dois à
la piété filiale. Dès vos plus jeunes années, ange de
douceur, vous reposiez le regard de votre mère, elle
qui, si près de sa joie, se trouva si près des larmes. Le

cœur à jamais brisé, entourée de quatre orphelins, elle ne connut désormais d'autre consolation que leurs sourires, leur innocence d'abord, et plus tard leurs vertus, si pur reflet des siennes, mais où elle cherchait ainsi que dans leurs traits l'image toujours plus fidèle de l'absent. Oui, il est bien juste qu'en de tels jours, vous, votre sœur et vos frères, vous vous leviez pour la bénir. A ses côtés, sous une sage et ferme direction, vous grandissiez dans la demeure patriarcale, où, comme aujourd'hui, l'aïeul rassemblait tantôt les enfants et petits-enfants dans une intimité délicieuse, tantôt l'élite des princes, des savants et des artistes dans une hospitalité digne du grand siècle. En même temps que chaque jour amenait sa fête ou son bonheur, par le seul accord d'une nature exquise avec de telles influences et un tel entourage, votre âme échappait aux puérilités du monde; elle s'accoutumait aux nobles fiertés dont elle avait l'instinct; elle prenait de plus en plus cette suprême distinction de l'esprit et des manières qui reste l'apanage envié d'un sang héréditaire. A Saint-Germain, au lendemain d'une nouvelle catastrophe, vous reprîtes, avec la même puissance de charme, votre mission consolatrice auprès de votre magnanime grand'mère, qui pleurait un fils, son amour et son orgueil, mais dont la foi si vive transfigurait la douleur. En vous prodiguant la même tendresse, votre tante ne vous révélait pas en elle de moindres qualités. Esprit

supérieur, elle formait le vôtre par tant de leçons de
haute et sereine sagesse. De la villa Isaure non moins
que de l'hôtel de l'île Saint-Louis, vous emporterez
sous le toit conjugal, avec un riche écrin de souvenirs,
le secret des abnégations délicates, l'art de converser
fait de grâce et de lumière, de goût et de mesure, de
bienveillance et de respect; mieux encore le pouvoir
rayonnant de la bonté et de la charité.

Monsieur, Mademoiselle, vous mettez ainsi tous les
deux dans votre alliance les gages les plus sérieux : il
vous reste à les confier à Dieu dans une commune
prière. Puisque, une fois donnée, rien ici-bas ne saurait
l'infirmer, appelez donc la sanction du ciel sur vos
irrévocables promesses, sur vos saintes dispositions et
vos plus chers espoirs. Avec une égale ferveur, priez
Dieu de recevoir vos serments, de les inscrire Lui-même
au livre où rien ne s'efface, et pendant que vos mains
se joindront, d'unir vos cœurs dans son cœur. Parents
si tendres et si profondément émus en ce moment,
invoquez sur vos enfants les saints protecteurs des
deux familles. Avec nous, avec le pasteur vénéré au
nom duquel je célèbre leur mariage, avec tout ce clergé,
priez tous, mes frères, sur ces jeunes gens. Qu'à cette
heure qui fixe leur destinée, ils soient bénis des béné-

dictions de leurs pères et de leurs mères, de la terre et du ciel, des vivants et des morts, des présents et des absents, de toutes les âmes qui de près ou de loin les environnent! Tous, faisons passer nos ardents souhaits par le cœur et les lèvres puissantes de la Vierge Marie. O Jésus! divin convive de Cana, étendez vos mains et vos bienfaits sur ces époux que vous présente votre Église catholique! Qu'en vous, ils soient un à jamais! Que demain, que toujours, ils trouvent la même saveur à un amour que vous avez consacré! Aux joies de l'union, ajoutez pour eux la joie des berceaux. A travers la vie, appuyés l'un sur l'autre, tous deux justes devant vos yeux, irrépréhensibles même au sein des épreuves, qu'ils marchent dans les commandements de votre Évangile, jusqu'au soir mystérieux où leurs âmes fiancées à l'Agneau entendront la parole : « Voici l'Epoux, » et verront s'ouvrir devant elles les portes radieuses de l'éternité.

DUMOULIN
ET C^IE
PARIS
AGE QUOD AGIS
RUE DES GRANDS
AUGUSTINS
IMPRIMEURS
PARIS